A BÍBLIA EXPLICA
Graça
Favor imerecido, força irresistível ou perdão incondicional?

DAVID PAWSON

ANCHOR RECORDINGS

Copyright © 2019 David Pawson

Graça: Favor imerecido, força irresistível ou perdão incondicional?

English original:
Explaining Grace: *Undeserved favour, Irresistible force or Unconditional forgiveness?*

Os direitos autorais referentes a este livro são assegurados a David Pawson, de acordo com a Lei de Direitos Autorais, Desenhos Industriais e Patentes de 1988 (Reino Unido).

Uma publicação da Anchor Recordings Ltd
DPTT, Synegis House, 21 Crockhamwell Road, Woodley, Reading RG5 3LE, UK

Todos os direitos reservados.

Nenhuma parte desta publicação pode ser reproduzida ou distribuída, em qualquer forma ou por quaisquer meios, sejam eles eletrônicos ou mecânicos, incluindo fotocópias e gravações, ou por qualquer sistema de armazenamento e recuperação de informações, sem autorização prévia, por escrito, da Editora.

Para obter outros materiais de ensino de David Pawson, inclusive DVDs e CDs, acesse
www.davidpawson.com

PARA DOWNLOADS GRATUITOS
www.davidpawson.org

Mais informações pelo e-mail
info@davidpawsonministry.com

ISBN 978-1-911173-96-0

Esta publicação baseia-se em uma palestra. Por originar-se da palavra falada, muitos leitores considerarão seu estilo um tanto diferente do meu modo costumeiro de escrever. Espero que isto não venha a depreciar a essência do ensino bíblico encontrado aqui.

Como sempre, peço ao leitor que compare tudo o que digo ou escrevo ao que se encontra registrado na Bíblia, e, caso perceba um conflito em qualquer ponto, sempre fie-se no claro ensino das Escrituras.

David Pawson

A BÍBLIA EXPLICA
Graça
Favor imerecido, força irresistível ou perdão incondicional?

O que é graça?
Três formas distintas de entender a graça são difundidas na igreja hoje. Creio que somente uma delas seja verdadeira; em minha opinião, as outras duas são equívocos que induzem as pessoas ao erro. Vou apresentá-las logo de início para depois refletirmos a respeito de cada uma. A primeira forma de entender a graça é como *favor imerecido*. Creio que esse seja o entendimento bíblico. A segunda forma é a graça como *força irresistível*, que age sobre uma pessoa, contra sua vontade, constrangendo-a a fazer parte da família de Deus. A terceira forma de entender a graça é como *perdão incondicional*. São as duas últimas que considero interpretações equivocadas da graça bíblica. Curiosamente, quando estive em Jacarta, na Indonésia, em 2013, descobri que o entendimento mais comum parecia ser o segundo: a graça como "força irresistível". Em Singapura, o terceiro entendimento parecia ser o problema principal: a graça como "perdão incondicional".

Vamos começar com a perspectiva bíblica. "Graça" é uma bela palavra, mas pode ter muitos sentidos. Vou começar destacando um sentido curioso de *"grace"*, sua tradução na língua inglesa. Nasci no condado de Northumberland, ao norte da Inglaterra. No litoral daquela região, ficam as ilhas Farne. Nas porções externas das ilhas, há muitos rochedos perigosos. Um conhecido farol foi construído ali para alertar as embarcações sobre os rochedos. No fim do século 19, o faroleiro era um homem chamado Darling, e Grace era sua filha adolescente. Grace tornou-se uma das mulheres britânicas mais conhecidas na era Vitoriana quando, certo dia, avistou pela janela do farol um navio a vapor que se prendera nas rochas e começara a naufragar. Alguns dos membros da tripulação escaparam escalando uma das pedras. A tempestade, contudo, estava intensa, e ondas imensas açoitavam os rochedos. Grace convenceu seu pai a prestar socorro, e ambos saíram de barco e remaram por quase um quilômetro até os destroços para socorrer os sobreviventes, que estavam sobre os rochedos. As manchetes dos jornais em todo o país estamparam: "Saved by Grace" [Salvos pela Graça] – referindo-se a Grace Darling. A frase tornou-se um tipo de adágio para toda a nação naquela época.

Vou usar a expressão "salvo pela graça", mas não me refiro a Grace Darling! No entanto, usamos a palavra para expressar muitas outras coisas. Com ela descrevemos bailarinas, dizendo: "São muito graciosas", em referência à beleza de seus movimentos. E ficamos felizes quando recebemos algo "de graça", pois não nos custou nada. Se algo não nos leva ao riso, dizemos que "não é engraçado". E aquele que fica constrangido, fica "sem graça". Antigamente, ainda, costumava-se dizer: "Qual a sua graça?" com o sentido de "Qual o seu nome?". Atribuímos à palavra, portanto, muitos sentidos diferentes. Esses sentidos, contudo, não nos ajudam a compreender seu sentido bíblico.

Também usamos a palavra com o significado de uma breve oração antes da refeição: "Quem pode dar graças pelo alimento?". Não sei como a palavra assumiu esse sentido. Devemos nos dirigir formalmente a duques e duquesas dizendo: "Vossa graça". O mesmo acontece com arcebispos da Igreja Anglicana. Lembro-me de uma história divertida quando um vigário convidou o arcebispo para almoçar em sua casa após a pregação da manhã de domingo. O vigário instruiu sua família: "É importante que vocês se dirijam ao arcebispo dizendo: 'Vossa graça'". Assim, quando o arcebispo entrou e foi apresentado à filha do vigário, ela disse: "Pelo que vamos receber, que o Senhor nos faça realmente agradecidos".

Essa é a salada de significados dessa palavra, mas buscamos aqui seu sentido bíblico. "Graça" é uma palavra adorável que aparece mais de cem vezes no Novo Testamento. Paulo a menciona muitas vezes, por isso sabemos que, para ele, a palavra tem significado especial. Nos textos paulinos, percebemos toda a sua essência. Os cristãos evangélicos baseiam seu Evangelho nos ensinamentos de Paulo, principalmente. "Graça", portanto, é uma palavra que usam frequentemente. No Evangelho de Lucas ela é usada somente uma vez, em referência a Jesus quando menino: a graça de Deus estava sobre ele. De forma geral, a palavra diz respeito a Deus, o Pai, que é o Deus da graça, e, na maioria das vezes, refere-se à graça de nosso Senhor Jesus Cristo. Ocasionalmente, o Espírito Santo é chamado de Espírito de graça. No entanto, praticamente todo o uso que Paulo faz do termo aplica-se à segunda pessoa da trindade: a graça de nosso Senhor Jesus Cristo.

Na Bíblia, não encontramos "graça" que não seja *personificada, encarnada em pessoas*. Assim como o amor é "algo" encontrado somente em *pessoas*, não se pode apontar a alguma coisa e dizer: "Isso é graça". A graça existe de forma clara nas três pessoas da trindade. Na Bíblia, o termo não é usado como adjetivo (gracioso), mas sempre como substantivo. Lembre-se sempre que a graça não existe por si mesma. Quando cantamos um hino como Maravilhosa Graça, temos a impressão de tratar-se de algo independente, que faz tudo por nós, mas não é assim. Quero frisar este ponto: *a graça não existe sem pessoas; ela existe de forma suprema, sim, em nosso Senhor Jesus Cristo.*

O que isso significa? Por que usamos a palavra "graça" em referência a Jesus, principalmente? Certo uso secular do termo nos dá uma pista. Na Inglaterra, há determinado número de propriedades que pertencem à Coroa. Algumas delas são arrendadas a membros da família real e a amigos da rainha. Essas casas são chamadas residências de "graça e favor". Esse sim é o uso apropriado da palavra "graça". Em um sentido muito próximo ao da palavra "presente", "graça" refere-se a algo concedido sem preço algum. Uma residência de "graça e favor" deve ser usufruída sem custo, é uma dádiva do monarca. Esse é seu sentido real. Trata-se de um favor feito a alguém como um presente.

Devemos, contudo, prosseguir com a reflexão. A palavra "graça" tem outros sentidos, que a tornam mais interessante. O sentido mais marcante da palavra "graça" é seu significado de *presente concedido a pessoas que não o merecem*. De certa forma, as pessoas que recebem da rainha da Inglaterra uma residência do tipo "graça e favor" talvez a mereçam por seu vínculo de parentesco ou porque se tornaram amigos próximos e essa é sua recompensa. A graça, contudo, não é recompensa; é totalmente diferente do salário recebido pelo trabalho prestado. Ninguém conquista a graça; ninguém pode merecê-la.

E há outro aspecto ainda mais surpreendente. *A graça não é apenas concedida a pessoas que não a merecem. Ela é concedida a pessoas que fizeram de tudo para não merecê-la.* A graça de nosso Senhor Jesus Cristo é concedida àqueles que são seus inimigos. Cristo morreu por nós quando éramos seus inimigos. Não só fomos incapazes de conquistar a graça, como ainda fizemos de tudo para não merecê-la. Ela é concedida às piores pessoas. Isso é graça. Essa característica confere à graça de nosso Senhor Jesus

Cristo um sentido singular. Nunca houve alguém como ele, que tenha oferecido tamanho benefício às piores pessoas, aquelas que são absolutamente indignas de recebê-lo. Jesus, portanto, é o exemplo supremo de graça e favor, do favor imerecido. Essa é a essência da bela palavra "graça".

Outro sentido associado ao termo "graça": quando a graça toma a iniciativa, cria um relacionamento e dá o primeiro passo nessa direção. Na graça, há iniciativa pelo fato de que Deus nos amou antes que o amássemos e de que Cristo morreu por nós antes que reconhecêssemos a necessidade de tal sacrifício. Isso é graça e tornou-se uma bendição, uma bênção proferida entre os cristãos da igreja primitiva: "O amor de Deus, a graça de nosso Senhor Jesus Cristo e a comunhão do Espírito...". E assim ela ainda é usada em muitas igrejas. Que bênção é conhecer o amor de Deus, a graça de nosso Senhor Jesus e a comunhão do Espírito Santo. Não pode haver vida mais abençoada.

Qual é a resposta apropriada à graça? Gratidão, agradecimento. É curioso que as palavras "graça" e "gratidão" sejam relacionadas e que outro termo derivado seja "gratificação". Quando pagamos pelo serviço de um taxista ou garçom, podemos acrescentar certa quantia como uma gorjeta, também chamada de gratificação, um presente. Mesmo na Bíblia, poucas vezes a palavra "graça" aplica-se a seres humanos que demonstram gratidão pela graça que receberam. Isso acontece também na língua grega. A palavra "graça" em grego é *charis*. Certamente você já ouviu a palavra "carismático", que se baseia na palavra grega *charismata*, em referência aos dons do Espírito. A palavra grega para "obrigado" é *eucharisteo*, razão pela qual muitas igrejas passaram a chamar a celebração da ceia do Senhor de "eucaristia" – um grande "obrigado" a Deus Pai por ter enviado Jesus para morrer por nós. Eles usam esse termo na pregação e no louvor. Às vezes, lemos no mural de algumas igrejas: "Eucaristia cantada, domingo, 11 horas da manhã". A resposta apropriada à graça, portanto, é gratidão. A palavra "graça" raramente aplica-se a seres humanos, mas quando isso acontece, refere-se uma pessoa muito grata que transborda de gratidão a Deus pela graça de seu Filho.

Por que Paulo dá tanta ênfase à palavra "graça"? Porque se há alguém que pode ser considerado exemplo da graça, esse é Paulo. A primeira referência a Paulo encontrada na Bíblia é a de alguém que respirava ameaças de morte contra os cristãos. Paulo se tornara um missionário anticristão. Partiu de Israel para perseguir cristãos em outros lugares. Longe de sua própria terra, quando ele aprisionava os cristãos de Damasco na tentativa de impedir suas atividades, Jesus veio ao seu encontro, dizendo: "Saulo, Saulo, por que você me persegue?". Paulo poderia ter respondido: "Eu não o persigo, Jesus, persigo seus seguidores". Mas ele logo aprendeu que tudo o que é feito a um de seus menores irmãos, é feito a Jesus.

Foi assim que nasceu seu entendimento dos cristãos como o corpo de Cristo. Ele foi transformado. Jesus disse a Paulo que ele deveria alcançar os gentios. Paulo, contudo, deveria levar-lhes as boas novas, o Evangelho de Deus, não suas próprias ideias. É incrível como esse missionário anticristão tornou-se o grande missionário aos gentios, e nossa fé é fundamentada em seus ensinamentos.

Paulo foi um tremendo exemplo da graça. Ele não foi um dos Doze apóstolos. Nasceu fora de tempo – o último de todos os apóstolos, o décimo terceiro. Todavia Deus o incluiu. Que graça Deus demonstrou a ele, o mais indigno de todos. Creio que essa seja a razão pela qual Paulo usa essa palavra mais do que qualquer outro autor da Bíblia: *charis,* graça.

Dito isso, devo infelizmente lhe contar que essa palavra tem sido entendida de forma terrivelmente equivocada e, portanto, aplicada de modo indevido nas igrejas em todo o mundo, até os dias de hoje. Passo agora para um lado mais negativo da tarefa de um professor. O primeiro sentido não bíblico certas vezes conferido à graça é o de *força irresistível*. É uma longa história. Começa com Agostinho, bispo da cidade de Hipona, no norte da África, durante o século 5°. Você já deve ter ouvido Agostinho ser chamado de "santo", pois foi canonizado pela Igreja Católica. É possível que você tenha ouvido falar de *As Confissões*, um dos primeiros testemunhos já registrados, um maravilhoso testemunho. Seus ensinamentos, contudo, causaram grande dano à igreja (tanto protestante quanto católica) e exerceram enorme influência na história da igreja com efeitos até os dias de hoje.

Agostinho vinha de um contexto pagão, pois era essa a filosofia que o cercava enquanto crescia. Certa vez, foi a Milão ouvir um pregador chamado Ambrósio e ali conheceu Cristo. A verdadeira conversão, contudo, aconteceu enquanto ele estava em um jardim, lendo a carta de Paulo aos Romanos. Agostinho havia sido um jovem promíscuo. Tinha uma amante e um filho ilegítimo e era fanfarrão. Ele reconhece isso em sua obra *As Confissões*. Depois que encontrou Cristo, contudo, fez sua conhecida afirmação de que somente encontramos descanso quando encontramos Jesus: "Nosso coração estará inquieto enquanto não descansar em ti", era sua oração. Agostinho deixou sua amante e passou a sustentar seu filho. Em seus primeiros anos de ministério, tudo correu bem. Gosto de ler sobre esse período. O material era bom e correspondia ao que outros pais da igreja haviam pregado.

Então, na metade de sua vida, seu posicionamento filosófico inicial começou a infiltrar-se em seu ensino e o modificou. Nos primeiros anos, Agostinho acreditava firmemente que Jesus voltaria para governar a terra, e assim ensinava. Em seus últimos anos, contudo, já não aceitava mais essa ideia. Era excessivamente física, terrena demais. Agostinho começou a reagir contra sua própria vida sexual imoral passada e, dessa forma, introduziu na igreja a ideia de que o clero deveria ser celibatário. Ele chegou a ensinar que o sexo no contexto do casamento é pecado – o que chamava de "concupiscência". Considero tudo isso muito triste porque os que o respeitavam como um dos pais da igreja seguiram fielmente seus ensinamentos.

Agostinho começou a ensinar que é legítimo usar a força para converter as pessoas ao cristianismo. Construiu essa ideia a partir da parábola do banquete de casamento, em que o anfitrião do banquete ordena: "Vá pelos caminhos e valados e obrigue-os a entrar, para que a minha casa fique cheia". Essa não é uma boa tradução – a palavra, na verdade, significa *convença-os*. Agostinho, contudo, a interpretou de forma praticamente literal: obrigue-os, constranja-os, force-os a entrar. A graça, portanto, é vista como uma força divina usada por Deus, contra nossa vontade, para estabelecer seu reino na terra.

Jesus não permitia que seus seguidores fossem violentos; eles não deveriam usar a força para espalhar a fé. Surgiram, contudo, eventos como a Inquisição Espanhola, que torturava as pessoas – particularmente os judeus – até que aceitassem Jesus. Com base nos ensinamentos de Agostinho, surgiram as Cruzadas, quando soldados rumaram para Jerusalém exterminando os judeus no caminho, a fim de liberar da invasão muçulmana os locais de peregrinação da Terra Santa.

Muito decorreu, portanto, desse ensinamento a respeito da graça como "força irresistível". Na verdade, Agostinho nunca a definiu com essas palavras. Isso veio depois, com os reformadores protestantes. Peço desculpas por tanta história, mas acho que você precisa conhecê-la para entender o que está acontecendo. Mais tarde, no século 16, os reformadores protestantes nutriram-se dos ensinamentos de Agostinho, inclusive de suas ideias posteriores. Martinho Lutero era um monge agostiniano, portanto seguiu os passos de Agostinho. Em Genebra, Calvino escreveu dois grandes volumes intitulados *As Institutas da Religião Cristã*. Trata-se praticamente dos ensinamentos de Agostinho adequados à época – o pensamento agostiniano puro. Os reformadores protestantes, consequentemente, foram diretamente influenciados pelo entendimento de Agostinho a respeito da graça.

Hoje, mais do que deveríamos, culpamos Calvino por difundir essa ideia entre as igrejas. Calvino, de fato, seguiu Agostinho de muitas maneiras, mas após a sua morte, foi Theodore Beza, seu sucessor em Genebra, quem levou os ensinamentos de Calvino ao extremo, ensinando o ultracalvinismo. Beza exerceu uma grande influência na Holanda, que estava sob o domínio da Igreja Reformada Holandesa, solidamente calvinista e, consequentemente, agostiniana, e que difunde esse conceito da graça. O que Beza ensinou, portanto, é o que geralmente chamamos de calvinismo e creio que essa seja uma injustiça com Calvino.

Mas quero lhe falar a respeito de um holandês chamado Jakob Hermanszoon. Enquanto ele estava na universidade, os católicos-romanos mataram seus pais. Esse registro faz parte da história da Holanda; tratava-se de uma rixa entre protestantes e católicos. Ele era protestante e amava o Senhor e a Bíblia. Foi chamado para ser o pastor da principal igreja de Amsterdã, onde o rei e a rainha prestavam culto. Ali, eu creio, ele pregava a verdade.

Durante seu tempo na universidade, ele mudou o próprio nome, razão pela qual você nunca deve ter ouvido falar de Jakob Hermanszoon. Era hábito dos alunos adotarem nomes latinos quando começavam os estudos. Jakob lembrou-se do nome de um alemão, que, séculos antes, lutara contra os invasores romanos e os derrotara. Assim, adotou o nome latino daquele alemão: Armínio.

A vida de Jakob, agora conhecido como Armínio, foi tão

reta e santa, que ninguém se atreveu a criticá-lo enquanto ele estava vivo. Assim que morreu, no entanto, parte do clero holandês levantou-se e o condenou por heresia. Até hoje poucas pessoas leram seus textos. Eu li e me emocionei com trechos de sua exposição da Bíblia. Começou então uma batalha entre a Igreja Reformada Holandesa oficial, que era calvinista, e os seguidores de Armínio, chamados arminianos. Essa tensão ainda existe e explica muita coisa.

Outra parte do clero promoveu um sínodo na cidade holandesa de Dort (conhecido como "Sínodo de Dort"). Na ocasião, foram firmados os cinco princípios básicos do calvinismo, cada um deles com o intuito de desmentir os ensinamentos de Armínio. Os cinco pontos do calvinismo que você precisa conhecer formam o acróstico "tulip", em português "tulipa". Esta certamente não se encontra entre as tulipas mais belas exportadas pela Holanda, mas contém os cinco princípios básicos que eles ensinaram para contra-atacar a pregação popular desse homem santo, a quem jamais haviam ousado criticar. Aqui estão os cinco pontos do "calvinismo". Não deveriam receber esse nome, porque Calvino ensinou apenas três deles. Beza, no entanto, acrescentou outros dois, e os cinco pontos ainda são defendidos por muitos pastores hoje:

T é *depravação* **total**. Significa que mergulhamos tão fundo no pecado que perdemos toda nossa capacidade de fazer o bem, de reagir ao que é bom e até de aceitar o Evangelho. Por nós mesmos, jamais poderíamos responder a Jesus. Não podemos fazer absolutamente nada a respeito de nossa salvação; Deus precisa fazer tudo.

U representa *eleição* **única**, *incondicional*. Isso significa que Deus escolhe as pessoas que serão salvas, e essa escolha não se baseia em qualquer critério relacionado a elas. Não é porque elas se converterão. Não há qualquer razão específica. Ele salva as pessoas com base na sua escolha. Ele não nos revela a razão pela qual escolhe uma e outra, não. Não é por algo que exista em nós, nem mesmo pela nossa fé; ele nos escolhe antes mesmo de crermos. Na verdade, ele nos escolhe e nos concede novo nascimento antes mesmo de nos arrependermos e crermos, porque somos tão absolutamente depravados que não podemos nos arrepender até nascermos de novo. Deus nos conduz ao novo nascimento antes que saibamos qualquer coisa a respeito, para então nos arrependermos e depois crermos. Talvez você considere esse conceito absurdo, mas é o ensinamento sobre graça encontrado em muitas igrejas.

A grande pergunta que gostaria de fazer a um calvinista é esta: "Como você explica que alguns são salvos e outros, não?". A explicação do calvinista é que Deus escolheu alguns e outros, não, o que logicamente significa que ele destinou alguns ao céu e outros ao inferno. É escolha dele e ele não nos revela por que decidiu assim. Não tem qualquer relação conosco. Significa que, do nosso ponto de vista, a salvação é pura sorte; algo exclusivamente arbitrário. Não está relacionada a nenhuma ação de nossa parte. Deus simplesmente escolheu uma pessoa e outra, não. É por isso que este é salvo e aquele, não.

L é *expiação limitada*. Esse conceito baseia-se na lógica de que Deus jamais puniria alguém duas vezes pelo pecado e, portanto, não pode enviar ninguém ao inferno, pois já puniu Jesus pelos pecados, ou Jesus não morreu por todos, mas somente pelos eleitos. Armínio disse que Jesus morreu por todos. Ele pagou o preço pelos pecados de todo o mundo. Mas o calvinista afirma: "Não foi assim". Se, depois disso, ele manda alguém para o inferno, está punindo duplamente. É pura lógica. O calvinismo é muito lógico, mas não é necessariamente verdadeiro.

I é *graça irresistível*. É a isso que me refiro quando digo que a graça é vista como uma força irresistível: não se pode resistir a ela. Se a graça decidir que você será salvo, então assim será. Se a graça decidir impedi-lo de ser salvo, você será impedido. Não depende de sua decisão, vontade ou fé – ou de qualquer outra coisa. Você estará no céu porque Deus assim decidiu. A força divina é maior do que tudo o que existe em você.

P representa a *perseverança dos santos*. Se a graça de Deus é irresistível, então ela pode nos dominar contra nossa vontade. Independentemente do que façamos, terminaremos no céu porque Deus nos escolheu e não há nada que possamos fazer a respeito.

São esses os cinco pontos que tiveram origem no conceito da graça como "força irresistível". São os cinco pontos do calvinismo. Você os encontrará nas igrejas presbiterianas e nas chamadas igrejas reformadas da Holanda. Você encontrará esses cinco pontos, ensinados de forma teórica, em muitas denominações do mundo consideradas calvinistas. Estou tentando ser o mais justo possível. Obrigue-os a entrar. Deus nos constrange a sermos salvos, ele nos constrange a sermos guardados, ele nos constrange do começo ao fim e, portanto, podemos usar o mesmo constrangimento para trazer pessoas ao reino por meio da força, pois essa é a vontade de Deus. Ele prefere que as pessoas sejam constrangidas do que persuadidas. Creio que se trata de uma calúnia contra Deus.

Voltemos a Agostinho por um momento. Certo homem opunha-se fortemente a ele – seu nome era Pelágio. Em visita a Roma, Pelágio, um monge britânico, alarmou-se com a corrupção na Igreja romana e com aqueles que, mesmo sem viverem de forma santa, confiavam na força de Deus para guardá-los. Eles não precisavam ser santos, o poder de Deus os faria chegar ao céu! Pelágio reagiu contra isso de maneira excessivamente contundente. Foi ao extremo oposto e tanto enfatizou a responsabilidade humana, que não sobrou espaço para qualquer ação da parte de Deus. Segundo ele, nossa salvação depende inteiramente do homem, podemos salvar a nós mesmos. Pelágio citava a ordem de Pedro no dia de Pentecoste: "Salvem-se desta geração corrompida!". Ele ensinou a salvação do tipo "faça-você-mesmo", algo totalmente realizado pelo homem, sem a ação de Deus. Esse era o grande debate. Acho que Agostinho estava reagindo a esse extremo.

Sou grato a Deus por algumas pessoas que estavam presentes em meio a tudo aquilo. Os bispos franceses declararam que as duas posições estavam erradas. Eles sustentavam que a salvação é o resultado da cooperação humana com a ação divina. Hoje, essa cooperação tem o nome de sinergismo, que significa "trabalhar juntos". Os bispos franceses estavam dizendo: "É Deus quem salva, mas não contra nossa vontade. Precisamos corresponder à graça; precisamos receber a dádiva da graça. Quando respondemos à graça em gratidão e recebemos o presente da salvação, somos salvos. As pessoas não deixam de ser salvas por não terem sido escolhidas por Deus, mas porque escolheram não receber a dádiva".

Era essa a explicação deles para o fato de alguns serem salvos e outros, não. Concordo com os bispos franceses. Não poderia concordar com Pelágio, que afirmava que tudo depende de nós, tampouco com Agostinho, segundo o qual tudo depende de Deus. Eu diria que quando uma pessoa responde à graça arrependendo-se, crendo e recebendo, pode então começar a ser salva.

Essa diferença pode ser compreendida por meio de uma ilustração simples. Imagine alguém sendo salvo de um afogamento. O calvinista talvez afirme: o homem está flutuando na água, já está morto. Ele se afogou. É totalmente incapaz de fazer qualquer coisa e, para ser salvo, precisa que alguém o retire da água e lhe dê o fôlego de vida. Isso é calvinismo em poucas palavras. Os arminianos, assim como os bispos franceses, poderiam dizer: o homem não consegue nadar até a margem, está se afogando, mas Deus lança uma boia – na extremidade de uma corda, talvez – e instrui: "Pegue a corda e segure-a com força e eu o puxarei em segurança até a praia". Então ele será salvo. A segunda é uma ilustração de Armínio e creio que corresponda à ideia encontrada no Novo Testamento. Era assim que pregavam: arrependa-se e creia, e Deus o levará até o céu; agarre-se no Evangelho, isso é tudo o que precisa fazer, mas segure-se firme e você será içado à segurança e, portanto, à salvação.

Há uma diferença em afirmar "Deus faz tudo" e "Deus faz tudo pelas pessoas que respondem". Armínio ensinou que a resposta humana à graça de Deus é um requisito para a salvação, por isso algumas pessoas são salvas e outras, não. Alguns agarram-na firmemente e descobrem que estão salvos. Outros não seguram com firmeza e rejeitam a salvação. Em palavras simples, segundo os arminianos, a graça pode ser recusada, mas Calvino diz que isso não é possível. Em palavras ainda mais simples, você pode dizer sim ou não à graça. Ninguém é forçado a aceitá-la. É um presente imerecido, mas um presente que precisa ser recebido.

Um presente deve ser usado; nele deposita-se confiança. Ele exige cooperação para tornar-se útil e eficaz. Não creio que possa explicar de forma mais simples. Cedo ou tarde, você precisa decidir se a graça significa que Deus faz tudo e é o único responsável pela salvação de qualquer pessoa ou que alguns respondem à graça, recebem a dádiva, apropriam-se dela e ficam profundamente gratos.

Quando estudo a Bíblia, vejo que a graça era concedida, mas exigia-se arrependimento e fé. Exigia-se uma reação das pessoas. Eles não pensavam: "Deus salvará quem ele quiser salvar e ponto final". Tenho muitos amigos queridos que são calvinistas, e sou grato a Deus porque alguns deles limitaram seu calvinismo ao estudo e não o levaram ao púlpito, porque quando ouço a pregação de alguns deles, vejo que pregam uma graça que precisa ser recebida. Embora sustentem, em tese, que somente os que foram escolhidos por Deus receberão o presente, pelo menos estão oferecendo o Evangelho a outras pessoas. Isso é ótimo.

Havia, portanto, certa tensão entre Agostinho e Pelágio, cada um em um extremo. Posteriormente, a tensão formou-se entre o calvinismo e o arminianismo. Não creio que o arminianismo tenha ido a um extremo nessa tensão posterior. No entanto, temos dois mil anos de história da igreja como herança. Se você não sabe nada sobre a história da igreja, ficará perplexo com as diferenças entre as denominações, razão pela qual escrevi o livro *Where Has the Body Been for 2000 Years?* [Onde esteve o Corpo nos últimos dois mil anos?], que tem o subtítulo *Church History for Beginners* [A história da igreja para iniciantes].

O que aconteceu às tradições da igreja como consequência desses entendimentos distintos? É interessante comparar o que vi quando visitei e ministrei aulas na Indonésia e em Singapura, localizadas na mesma região do mundo. Quando colonizaram a Indonésia, os holandeses levaram a Igreja Reformada Holandesa, predominantemente calvinista. Isso explica o número de igrejas presbiterianas na Indonésia hoje. Singapura, por sua vez, foi colonizada pelos britânicos, portanto a Igreja Anglicana predomina, com sua catedral branca no meio da cidade. A construção da catedral foi inspirada na arquitetura gótica católica-romana, que vem da Idade Média, pois a Igreja Anglicana é uma grande confusão. Pensando bem, os britânicos, tradicionalmente, vivem uma confusão generalizada! A Igreja Anglicana foi fundada porque o rei Henrique VIII não conseguiu a autorização do Papa para seu divórcio. Por essa razão, Henrique VIII rompeu com o Papa, proclamou-se líder supremo da Igreja Anglicana e destruiu todos os monastérios católicos-romanos na Inglaterra. Graças a Henrique VIII, a rainha é hoje a líder suprema da igreja. A Igreja Anglicana decidiu contentar-se com uma mistura de catolicismo e protestantismo, mas a Escócia seguiu Calvino e os presbiterianos.

A Igreja Anglicana tem paróquias ainda mais ritualistas do que a Igreja Católica-Romana e igrejas mais singelas do que a protestante mais humilde. É uma mistura absurda. No fim das contas, temos anglicanos da igreja alta, anglicanos da igreja ampla e anglicanos da igreja baixa. Ou, em termos teológicos: anglicanos católicos, anglicanos liberais e anglicanos evangélicos. Se você estudar os 39 Artigos da Religião Anglicana, perceberá que a posição é levemente calvinista, mas apenas levemente – está desse lado, mas só um pouquinho. Que mistura!

No século 18, portanto, quando a Igreja Anglicana estava morrendo espiritualmente, os irmãos John e Charles Wesley lideraram na Inglaterra o reavivamento que deu origem à Igreja Metodista. John Wesley lançou uma revista chamada *The Arminian* [O arminiano]. Em Singapura, e em muitas ex-colônias, a mesma ocupação britânica originou tanto o arminianismo metodista quanto o calvinismo ameno anglicano.

Caso você não tenha interesse teológico em tudo isso, espero que não esteja ficando confuso, desnorteado ou inseguro em sua fé. Minha oração é que o Espírito Santo proteja sua fé da confusão e perturbação provocadas pelo que preciso ensinar. De fato, herdamos dois mil anos de história da igreja. Sem que percebêssemos, herdamos tradições por meio das diferentes igrejas. Herdamos compreensões distintas da graça, que afetam todo nosso pensamento. Afetam nosso evangelismo. Afetam muitas outras áreas. Na prática, a maioria dos evangelistas é arminiana e prega esperando uma resposta, crendo que serão salvos aqueles que responderem ao Evangelho. Grande parte do evangelismo, portanto, é realizada por pessoas com convicções sólidas a respeito da primeira compreensão da graça como "favor imerecido", presente que, embora não seja merecido, deve ser recebido e usufruído. Não precisamos da graça somente no início da vida cristã, precisamos dela todo o tempo. Foi por isso que Paulo orou tanto para que Deus o curasse de uma enfermidade física que ele acreditava ser um obstáculo para sua missão. Deus disse: "Não. Não vou removê-la. Minha graça é suficiente para você e na sua fraqueza eu posso ser forte". A graça o acompanhará até o final. Daqui mil anos, estaremos cantando sobre a graça, declarando quão indignos somos de nossa salvação. Mas não será por não termos feito nada. Teoricamente, se alguém perguntar a um calvinista: "O que devo fazer para ser salvo?", é provável que ouça: "Absolutamente nada. Se Deus o escolheu, ele o salvará", razão pela qual muitos calvinistas não têm certeza de sua salvação. "Ele me salvou? Posso ter certeza?" É terrível não estar convicto de que Deus o chamou, porque aqueles que responderam ao seu chamado sabem que foram chamados.

Perdão incondicional?
O principal problema hoje, no entanto, não é a graça ser vista como força irresistível. O problema é a ideia de *perdão incondicional*. Preciso dizer que essa terceira forma de entender a graça, encontrada com frequência nos Estados Unidos, espalha-se por todo o mundo. Eu a vi sendo difundida por toda a África do Sul, dois anos antes de minha visita a Singapura, e perguntei: "De onde veio isso?". A resposta foi: "De Singapura". Portanto, preciso ser honesto e partilhar com vocês o que, em minha opinião, é um entendimento equivocado da dádiva da graça de Deus quando seu significado é interpretado como perdão incondicional.

A interpretação é boa no sentido de que rende a Deus a glória pela dádiva da graça. É ruim, contudo, porque leva essa dádiva da graça a um ensino extremo em dois aspectos específicos. Em primeiro lugar, ensina que quando você se converte a Cristo, não são apenas os seus pecados passados que são perdoados, mas também todos os seus pecados *futuros*. Não encontro na Bíblia nenhum indício de que Deus perdoa pecados ainda não cometidos, antes ou depois da conversão. Não nos tornamos imediatamente perfeitos; os cristãos pecam, sim. No entanto, sabemos o que fazer a respeito. Na primeira carta de João, recebemos instruções muito claras: "Se confessarmos os nossos pecados, ele é fiel e justo para perdoar os nossos pecados e nos purificar de toda injustiça". Essa é a promessa para os cristãos. Foi escrita para os que creem. Segundo essa promessa, se pecarmos, temos um Advogado no céu que nos representa, mas precisamos fazer nossa parte: confessar. Quando confessamos, ele é fiel e justo para *continuar* perdoando – esse é o tempo verbal usado – e o sangue de Jesus *continuará* nos purificando. Quando um cristão peca e confessa seu pecado ao Senhor, ele é perdoado; assim podemos manter aberto o canal com Deus e lidar com o pecado assim que ele surge. Por meio da confissão, Deus pode perdoar o pecado.

Trata-se de uma passagem bíblica muito importante. Mas como ela é vista por aqueles que afirmam: "Deus perdoou todos os seus pecados futuros"? Fiquei chocado ao descobrir que eles negam que a passagem tenha sido escrita para os cristãos. Afirmam que a primeira carta de João foi dirigida aos pagãos. Quando lemos essa carta, no entanto, percebemos que todo o seu conteúdo é claramente dirigido aos cristãos. Afirmar que a carta foi destinada somente aos pagãos é um gesto quase risível, mas tão grave que não pode ser engraçado. O novo ensinamento do *perdão incondicional* nega o que a Bíblia afirma.

Os defensores do perdão incondicional, portanto, ensinam dessa forma: quando você se converte a Cristo, todos os seus pecados são perdoados – não apenas os que cometeu no passado, mas também os que cometerá no futuro, portanto não fique triste, nem pense em seus pecados. Esse é o tipo de ensinamento trágico que está se difundindo na igreja. Pode deixar muitas pessoas felizes, mas não é a verdade. *Podemos continuar sendo perdoados enquanto confessarmos e pedirmos perdão.* Os cristãos cometem erros, sim, os cristãos caem em pecado, mas sabem exatamente o que deve ser feito de imediato para que sejam perdoados.

Jesus não veio nos salvar do inferno apenas, ele veio nos salvar de nossos pecados. Veio para continuar lidando com nossos pecados. Cuidou de nossos pecados passados – foram todos lavados no batismo, um ato que trata do passado apenas. No entanto, a única preocupação de João Batista era que o batismo trata apenas do passado, não cuida do futuro. Lembro-me de meu próprio batismo: mesmo naquela piscina suja e esverdeada, eu me senti limpo. Sabia que meu passado havia sido lavado. No entanto, consigo me lembrar vividamente de meu primeiro pecado depois da experiência do batismo. Cheguei a pensar tolamente que eu havia desfeito tudo.

O batismo não lida com nosso futuro. Na realidade, precisamos do batismo com o Espírito Santo para isso. Não basta termos apenas nosso passado purificado se não contarmos com ajuda no futuro, porque, sendo ainda pecadores, o velho homem pode estar morto, mas não está enterrado. Vivemos essa tensão entre o velho e o novo homem. Pecamos, mas esse pecado pode ser tratado. O primeiro capítulo de 1João nos diz claramente como agir quando isso acontecer. Você não precisa ser batizado novamente – o batismo purificou seu passado e o deixou pronto para começar uma vida nova e limpa. No futuro, você ainda terá de lidar não só com o pecado que rodeia sua vida, mas também com as pressões resultantes de um mundo pecaminoso. No entanto, é possível lidar com esses pecados agora – eles precisam ser confessados.

Outra consequência desse ensinamento é uma depreciação do arrependimento. O perdão incondicional não depende do arrependimento. Em meu entendimento do texto bíblico, sem arrependimento, o pecado não pode ser perdoado; precisamos nos arrepender primeiro e só então esse pecado pode ser perdoado. Arrepender-se não é apenas dizer que sentimos muito. É tomar uma atitude. Entendo que tanto o arrependimento quanto a fé estão vinculados à ação, ao *fazer*. O entendimento equivocado da graça, contudo, tende a menosprezar qualquer atitude que tenhamos de tomar. O arrependimento, portanto, não é mencionado com frequência por esses mestres. Mas era absolutamente central à pregação de Paulo.

Há um verso do Novo Testamento que nunca ouvi ser pregado na íntegra. É o trecho do testemunho de Paulo que começa assim: "Não fui desobediente à visão celestial...". A maioria das pessoas para por aqui, ninguém completa a citação. No texto, Paulo continua dizendo: "Preguei... aos gentios, dizendo que se arrependessem e se voltassem para Deus, praticando obras que mostrassem o seu arrependimento". Por que não se fala sobre isso, que o arrependimento é algo que se prova pelas obras? É o que Paulo costumava pregar. Ele disse ao povo de Atenas que, até então, Deus não tinha levado em conta o pecado – havia fechado os olhos – mas agora ele ordena que todos, em todo lugar, se arrependam. Essa era a pregação do apóstolo Paulo. A mensagem era básica. Arrependam-se. Arrependam-se. Arrependam-se.

Um jovem me procurou certa vez. Chegou pilotando uma grande motocicleta com guidão alto e vários espelhos retrovisores. Era possível ouvi-lo a mais de um quilômetro de distância. Parou em frente à nossa casa e tocou a campainha. Quando abri a porta, ele disse:

— Quero conversar.

— Bem, se você quer conversar, pode entrar — respondi. Vestido em roupas de couro escuro cobertas de rebites metálicos, Paul entrou e sentou-se. Nosso sofá ainda tem as marcas da sua visita.

Assim que se acomodou confortavelmente, perguntei:

— Sobre o que deseja conversar, Paul?

— Quero ser batizado — disse ele.

— Você quer ser batizado? Sabe como batizamos pessoas aqui?

— Sim — disse ele — vocês afundam as pessoas na água.

— Então, você quer que eu o afunde na água? — perguntei.

— Quero.

— Paul, você sabe o significado da palavra "arrependimento"? — continuei.

— Não. Nunca ouvi — ele respondeu.

— Paul, ouça com atenção. Quero que você vá para casa e faça a Jesus a seguinte pergunta: "Há algo em minha vida que você não gosta?". Quando ele responder, exclua isso da sua vida e retorne aqui para me contar — instrui.

Depois de três semanas, ouvi novamente a motocicleta, e lá estava Paul, em frente à minha casa. Abri a porta e ele disse, estendendo a mão:

— Pronto.

— Não entendi. O que quer dizer?

— Parei de roer as unhas.

— Certo, Paul, agora vou batizá-lo.

Ele nunca voltou atrás. Tornou-se um cristão fiel. Quando você foi batizado, fizeram-lhe essa pergunta? Batizo pessoas mediante prova de arrependimento e não como profissão de fé. Isso é mais bíblico: "Arrependam-se e sejam batizados...".

Talvez você ache graça desse jovem, mas quando Jesus lhe disse que parrasse de roer as unhas, ele arrependeu-se e parou. Para mim, foi o suficiente. Paul aprendeu que quando nos tornamos cientes do pecado, deixamos de cometê-lo e lidamos com esse pecado – isso é arrependimento.

Creio que a raiz desses dois equívocos doutrinários seja o medo da palavra "obras". Somos salvos pela fé e não por obras. No entanto, lemos no Novo Testamento a seguinte frase: "Vejam que uma pessoa é justificada por obras, e não apenas pela fé". Essa é a Palavra de Deus. Observe: "e não apenas pela fé". Essa é a única passagem bíblica onde você encontrará as palavras "apenas pela fé", mas antes delas, está a palavra "não".

Muitos acreditam que somos salvos pela fé somente. Não somos. O texto que citei está no capítulo 2 de Tiago. Aqueles, contudo, que entendem a graça dessa terceira forma não apreciam em nada a carta de Tiago, pois a palavra-chave em Tiago é "fazer", e eles creem que quando a Bíblia fala em "obras", não se refere a nada que façamos. Não é verdade. Paulo estava certo quando afirmou: "O homem não é justificado pelas obras da lei" [ARA]. Ele estava certo quando disse que não somos salvos por boas obras, boas ações ou pela tentativa de sermos bons. A fé, contudo, está associada às obras – *obras de fé*. Tiago também destaca que Abraão foi justificado pela fé quando ofereceu Isaque ao Senhor. Raabe, a prostituta de Jericó, foi justificada pela fé quando recebeu os espias israelitas em sua casa e os escondeu em um bordel, enviando-os posteriormente em segurança por outro caminho até o exército israelita. Os espias de Israel lhe disseram: "Quando tomarmos Jericó, amarre este cordão vermelho em sua janela e diremos aos nossos soldados que você deve ser poupada". A casa de Raabe ficava sobre o muro de Jericó. Era possível, portanto, que um cordão vermelho amarrado na janela fosse visível. Desse modo, nem toda a muralha de Jericó ruiu, mas parte dela resistiu, o trecho onde ficava a casa da prostituta Raabe.

Nos dois casos – o bom homem chamado Abraão e a mulher de vida imprópria chamada Raabe – eles foram justificados pela fé que entrou em ação, a fé que *realizou* algo. Aqueles que têm uma compreensão equivocada da graça, no entanto, tendem a dizer: "Fé é o que se diz, e não o que se faz. Identifique e reivindique. Declare e aproprie-se". Seja lá como você preferir explicar. Esse é o ensinamento que acompanha o entendimento falho do que é graça.

É provável que eu já tenha ensinado o suficiente sobre o tema para lhe mostrar qual é o entendimento verdadeiro da graça e quais são as visões equivocadas nos dias de hoje. Elas são muito difundidas. Espalham-se via internet por todo o mundo. Encontro-as em todos os lugares onde vou pregar. Peço, portanto, que você tenha discernimento e reconheça esses erros que estão distorcendo a verdade de Deus.

A Bíblia nos diz que, nos últimos dias, o maior perigo para os cristãos será o engano. Não são apenas as mentiras que nos enganam, mas também a verdade mesclada ao erro. Se o diabo contasse mentiras deslavadas, simplesmente lhe diríamos "não". Mas ele é tão astuto, que engana a todos misturando a verdade a essas mentiras. A compreensão equivocada da graça que lhes mostrei costuma estar combinada à verdade do legítimo Evangelho numa pregação com muitos elementos verdadeiros. Essa combinação é enganosa.

É assim desde o Jardim do Éden. O que Satanás disse a Eva foi uma meia verdade, e ela engoliu. Ele disse: "No dia em que comerem desse fruto, seus olhos se abrirão" (o que era verdade) e "vocês serão como Deus" (o que não era verdade). Foi a mistura que iludiu, simultaneamente, Eva e Adão, que estava ao seu lado. Desde então, o diabo, muito mais astuto do que nós, tem convencido as pessoas a misturar às verdades do Evangelho alguns elementos não verdadeiros.

Na maior parte do tempo, é como se ouvíssemos a verdade, mas se prestarmos atenção, alguns elementos sem qualquer base bíblica estão sendo infiltrados. É aí que mora o perigo. À medida que nos aproximamos do fim dos tempos, o diabo se desespera mais e mais. É por essa razão que, quando Jesus nos revela os sinais da sua vinda e do fim dos tempos, no Evangelho de Mateus, ele diz: "vigiem", "não acreditem" e "Cuidado. Que ninguém os engane".

Paulo faz o mesmo. Quando escreve a Timóteo, ele diz: "Isso é o que acontecerá nos últimos dias. Os homens serão amantes do prazer. Sentindo comichão nos ouvidos, procurarão pregadores que lhes cocem as orelhas e digam o que eles desejam ouvir. Vigiem e orem para que não sejam enganados". Em sua leitura da Bíblia, é bom que você encare o fato de que nem tudo é simples. O engano acontecerá dentro da igreja e, tragicamente, afetará a vida cristã de muitas pessoas. Vá a uma igreja que pregue a verdade, toda a verdade e nada além da verdade. Guarde seu coração contra a sutil mistura que engana e destrói.

SOBRE DAVID PAWSON

Conferencista e escritor com inabalável fidelidade às Sagradas Escrituras, David traz clareza e uma mensagem de urgência aos cristãos para que descubram tesouros escondidos da Palavra de Deus.

Nascido na Inglaterra em 1930, David iniciou sua carreira com formação em Agronomia pela Universidade de Durham. Quando Deus interveio e o chamou para que se tornasse Pastor, ele concluiu o Mestrado em Teologia pela Universidade de Cambridge, e, durante três anos, serviu como capelão na Força Aérea Real. Passou então a pastorear várias igrejas, entre elas o Centro Millmead, em Guildford, que se tornou um modelo para muitos líderes de igrejas do Reino Unido. Em 1979, o Senhor o conduziu a um ministério internacional. Atualmente, seu ministério itinerante é predominantemente para líderes de igrejas. David e sua esposa, Enid, moram hoje no condado de Hampshire, no Reino Unido.

Ao longo dos anos, ele escreveu um grande número de livros, publicações e notas diárias de leitura. Suas extensas e muito acessíveis análises dos livros da Bíblia foram gravadas e publicadas em "Unlocking the Bible" (A Chave para Entender a Bíblia). Milhões de cópias de seu material de ensino têm sido distribuídas em mais de 120 países, oferecendo sólido embasamento bíblico.

Ele é considerado o "pregador ocidental mais influente na China" graças à transmissão de sua bem-sucedida série "Unlocking the Bible" a todas as províncias da China, através da God TV. No Reino Unido, os ensinos de David são transmitidos com frequência pela Revelation TV.

Incontáveis fiéis em todo o mundo também se beneficiaram de sua generosa decisão, em 2011, de disponibilizar sua extensa biblioteca audiovisual, sem custo algum, em: **www.davidpawson.org**. Recentemente, todos os vídeos de David foram carregados em um canal específico em: **www.youtube.com**

SÉRIE A BÍBLIA EXPLICA
VERDADES BÍBLICAS APRESENTADAS DE FORMA SIMPLES

Se você foi abençoado com a leitura deste livro, saiba que outros títulos da série estão disponíveis. Acesse **www.aBibliaexplica.com** e inscreva-se para baixar mais livros gratuitos.

A série A Bíblia Explica inclui:
A Fascinante História de Jesus
A Ressurreição: O ponto central do cristianismo
Como Estudar a Bíblia
A Unção e o Enchimento do Espírito Santo
O Batismo no Novo Testamento
Como Estudar um Livro da Bíblia: Judas
Os principais passos para se tornar um cristão
O que a Bíblia diz sobre: Dinheiro
O que a Bíblia diz sobre: Trabalho
Graça: Favor imerecido, Força irresistível ou Perdão incondicional?
Seguro para sempre? O que a Bíblia diz sobre: Salvação
O Fim dos Tempos
Três textos geralmente usados fora do contexto: Explicando a verdade e expondo o erro
A Trindade
A Verdade sobre o Natal

Você também pode adquirir cópias impressas em:
Amazon ou **www.thebookdepository.com**

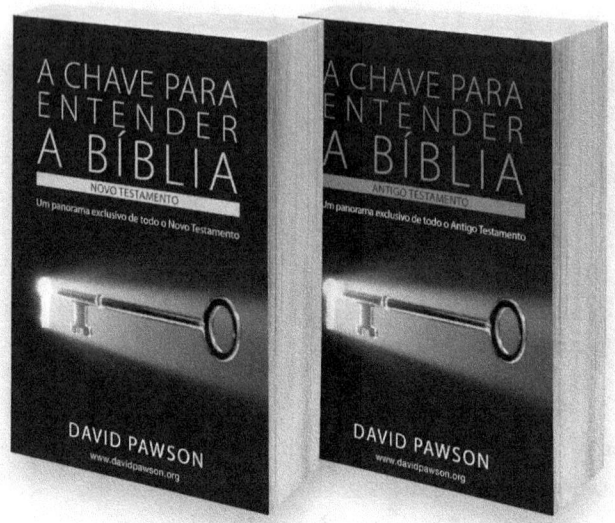

A CHAVE PARA ENTENDER A BÍBLIA

Um panorama exclusivo do Antigo e do Novo Testamento, nas palavras de David Pawson – conferencista e escritor evangélico, reconhecido internacionalmente. *"A Chave para Entender a Bíblia"* elucida a palavra de Deus de maneira inovadora e poderosa. Em uma clara distinção aos tradicionais estudos e comentários bíblicos que tratam versículo por versículo, este livro apresenta a história épica do relacionamento entre Deus e seu povo, em Israel. A cultura, o contexto histórico e os personagens são apresentados e os ensinamentos são aplicados ao mundo contemporâneo. Oito volumes foram compilados nesta edição abrangente, compacta e fácil de usar, com tópicos que cobrem o Antigo e o Novo Testamento.

Do Antigo Testamento: As Instruções do Criador – Os Cinco Livros da Lei; Uma Terra e um Reino – Josué, Juízes, Rute e 1 e 2 Samuel, 1 e 2 Reis; Poemas de Louvor e Sabedoria – Salmos, Cântico dos cânticos, Provérbios, Eclesiastes, Jó; Declínio e Queda de um Império – Isaías, Jeremias e outros profetas; A Luta pela Sobrevivência – Crônicas e os profetas do exílio.

Do Novo Testamento: O Eixo da História – Mateus, Marcos, Lucas, João e Atos; O Décimo Terceiro Apóstolo – Paulo e suas cartas; Do Sofrimento à Glória – Apocalipse, Hebreus, as cartas de Tiago, Pedro e Judas.

Este livro é um best-seller internacional.

OUTROS MATERIAIS DE ENSINO
DE DAVID PAWSON

Para acessar a lista atualizada com os títulos de David Pawson, visite:
www.davidpawsonbooks.com

Para comprar os materiais de ensino de David Pawson, acesse a página:
www.davidpawson.com

www.ingramcontent.com/pod-product-compliance
Lightning Source LLC
Chambersburg PA
CBHW071509080526
44587CB00016B/2734